Frank Löser

Sagen und Geschichten

Hansestadt Wismar

Wismar, um 1908

Verlag Rockstuhl

Impressum

Umschlaggestaltung: Harald Rockstuhl, Bad Langensalza

Titelbild: Dr. Frank Löser

2. Auflage 2018

ISBN 978-3-95966-286-4

Innenlayout: Harald Rockstuhl, Bad Langensalza

Fotos im Buch – wenn nicht anders angegeben – von Dr. Frank Löser.

Druck und Bindearbeit: Digital Print Group Oliver Schimek GmbH, Nürnberg/Mittelfranken

Gedruckt auf alterungsbeständigem Papier nach ISO 9706

Die Deutsche Nationalbibliothek verzeichnet diese Publikation in der Deutschen Nationalbibliografie. Detaillierte bibliografische Daten sind im Internet über *http://dnb.d-nb.de* abrufbar.

Inhaber: Harald Rockstuhl
Mitglied des Börsenvereins des Deutschen Buchhandels e.V.
Lange Brüdergasse 12 in D-99947 Bad Langensalza/Thüringen
Telefon: 03603 / 81 22 46   Telefax: 03603 / 81 22 47
www.verlag-rockstuhl.de

Inhalt

De' Krabbenfängers	7
Riesen hatten einen Plan…	7
Das Mariengitter	8
Die Prinzessin	11
Heiliger Ludolf	12
Die Wallfahrt zum Wischberg	13
Die Goldene Wiege vom Wischberg	14
Das Gretchenzimmer	14
Der verliebte Brauherr	15
Die Blutegels	16
Kinder im unterirdischen Gang	17
Der Trommelschläger	18
Das Gesicht der Schwiegermutter	19
Nix und Nixe	20
Die heilenden Linden	21
Ein Pappelstab	22
Die ewige Jagd	22
Wappenstreit	23
Hexerei in Jakobshof	23
Claus Störtebeker in Wismar	24
Die abgegoltenen Schulden	26
Der schwarze Pudel	26
Ein verheerender Blitzschlag	26
Eulenspiegel beim Schmied	27
Eulenspiegel schneidet Schuhe zu	29
Eulenspiegel erneut beim Schuhmacher	31
Eulenspiegel als Pferdehändler	32
Abzug der Zwerge	32
Der Feuerreiter	34
Frau Waur	34
Doppelte Tore waren die Rettung	35
Hilfe durch den Heiligen Franziskus	36
Das Bleichermädchen	37
Die Unterirdischen	39
Qualitätsprüfung der ‚Mumme'	40
Die weiße Frau	40
Geisterfahrt um die Kirche	41
Der weiße Stein	41
Fußball vor der Mönchskirche	42
Die eiserne Hand	42
Pferdeköpfe als Giebelschmuck in Hoben	43
Festgefahrenes Schiff	44
Literatur	45

„Das Märchen ist poetischer, die Sage historischer".

Brüder Grimm

Vorwort

Die altehrwürdige Hanse- und Seestadt Wismar hat in den zurückliegenden Jahrhunderten viel erlebt. Besonders während der Hansezeit zu einer mächtigen Stadt gewachsen, musste sie aber auch Rückschläge und Niedergang erleben. Durch den Fleiß ihrer Bürger wurde die Stadt aber immer wieder zu neuem Glanz befördert.

Für Sie, verehrte Leser, wurden diese Sagen und Geschichten recherchiert und frei nacherzählt.

Ich bedanke mich bei meiner Frau Evemarie für die Unterstützung bei den Recherchen und Fotoaufnahmen, für die Korrektur und die zeitgemäße Überarbeitung der historischen Texte; bei Frau Lisa Mißfeldt für die kompetente Beratung und Übersetzung der Plattdeutschen Sprache; den Mitarbeitern vom Wossidloarchiv der Universität Rostock unter Leitung von Herrn Dr. Schmitt, bei Herrn Dr. Nils Jörn, Leiter vom Stadtarchiv der Hansestadt Wismar und bei Frau Corinna Schubert, Leiterin des Stadtgeschichtlichen Museums der Hansestadt Wismar.

Dem Verlag Harald Rockstuhl, Bad Langensalza, sagen wir DANKE für die kompetente Beratung, ohne die eine Veröffentlichung nicht möglich gewesen wäre.

Interessante Einblicke wünscht Ihnen

Frühjahr 2018   *Dr. Frank Löser*

Backsteingotik/ Wismar, mächtig und gewaltig

De' Krabbenfängers

Im Bundesland Mecklenburg – Vorpommern gibt es für viele Orte auch Ökelnamen. Sie haben neben ihren Ortsnamen noch einen Spott- oder Spitznamen, die manchmal durch eine Begebenheit entstanden oder auch nur eine Erfindung der Nachbarn sind.

Ökelnamen sind in Norddeutschland weit verbreitet. Die Wismarer werden als Krabben bezeichnet; so steht es im Korrespondenzblatt von 1882. Der Sagensammler Karl Bartsch erwähnt die Wismar'schen Krabbenfängers ebenfalls.

Eine eindeutige Erklärung dazu ist nicht nachweisbar. Aber: Die Wismarer Fischer fingen in den zurückliegenden Jahrhunderten sehr emsig Krabben. Sie brachten gutes Geld in die Kassen. Vielleicht hatten die Fischer - diese Wismar'schen Krabbenfängers - deshalb auch öfter Streit?

Riesen hatten einen Plan…

Vor sehr langer Zeit gab es auch in der Umgebung von Wismar Riesen. Sie sind ausgestorben, aber sie haben unsere Heimat einst mitgestaltet. Einmal saßen sie zusammen und wussten nicht so recht, wie sie den nächsten Tag verbringen sollten. Da kam einer auf die Idee, lasst uns Sand holen, wir schütten die Ostsee zu. Nun redeten alle durcheinander, so gut gefiel ihnen dieser Vorschlag. Am nächsten Morgen trafen sie sich an der verabredeten Stelle. Ein jeder hatte eine große Schürze umgebunden, die mit Sand gefüllt werden sollte. Damit wollten sie dann die Ostsee zuschütten. Der Anfang ging ganz leicht; die heutigen Diedrichhägener Berge waren schnell geschaffen. Aber sie mussten ja irgendwo den Sand wegnehmen, den sie dann in die Ostsee schütten wollten. Das Wasser der Ostsee würde verschwinden, aber an anderen Orten würden wieder Seen entstehen, weil sie ja Löcher gruben. Die Lust zum Sandschleppen ließ plötzlich nach und jeder leerte seine Schürze dort, wo er gerade stand. Die Ostsee blieb uns zum Glück erhalten, aber der Wischberg, der Nonnenberg und auch der Papenberg wurden dabei neu geschaffen.

Auch dieser Burgwall im Dorf Mecklenburg, hier stand einst die Michelenburg - Ursprung des Landes Mecklenburg, wurde mit Sand aus den Schürzen der Riesen aufgeschüttet.

Das Mariengitter

Anno 1344 hatten die Schlosser- und Schmiedemeister randvolle Auftragsbücher. Der Bau der Marienkirche ging gut voran, es wurden viele Schlösser und Türbeschläge gebraucht. Meister Velten und seine vier Gesellen arbeiteten sehr fleißig und ordentlich. Es gab so viel Arbeit, dass der Meister selbst mit am Amboss stand. Seit seine Frau verstorben war, führte seine hübsche und liebreizende Tochter Mechthild den Haushalt. Sie war auch in der Küche sehr fleißig. Wenn der Meister und die Gesellen nicht zum Mittag kamen, ging sie selbst in die Schmiede und bat sie zu Tisch. Da wurden die Augen der Gesellen groß, so ein hübsches Mädchen und dazu noch die einzige Tochter des Meisters. Auch Kurt, eine Vollwaise, den der Meister vor Jahren zu sich genommen hatte, war unter ihnen. Er war ein Fachmann, fröhlich und zuvorkommend außerdem. Doch in den letzten Wochen war er zurückhaltend und einsilbig geworden. Warum wusste keiner.

Wenn Mechthild die Werkstatt betrat, schaute er ihr sehnsüchtig in die Augen und dann zu Boden. Vor etwa einem Jahr hatte er ihr seine Liebe und seine aufrichtigen Gefühle gestanden. Am nächsten Morgen, in aller Frühe, kam der Meister zu ihm und sprach in barschem Ton: ‚Kurt, meine Tochter ist zu hoch gewachsen, sie ist nichts für dich. Oder kannst du einhundert Gulden als Mitgift zur Hochzeit auf den Tisch legen?' Da senkte Kurt nur den Kopf. ‚Schlag dir Mechthild aus dem Kopf und zwar so schnell als möglich, sonst musst du mein Haus und die Arbeit verlassen.' Er hatte die klare Ansage seines Meisters verstanden, aber seit diesem Gespräch grübelte er ständig darüber nach, wie er zu Geld kommen könnte. Auch beim Spaziergang an einem Sonntag. Er schritt so vor sich hin und hatte gerade den Galgenberg erreicht, da klopfte ihm von hinten jemand auf die Schulter, obwohl er keinen bemerkt hatte. „He, so traurig junger Freund?" Der gut gekleidete Fremde sprach weiter. „Ihr habt wohl Liebeskummer, das kann ich bei so einem stattlichen jungen Mann gut verstehen. Kann ich Euch helfen?" Kurt war berührt von den freundlichen Worten des Fremden, er öffnete sein Herz und die Worte sprudelten nur so heraus. „Lass mich überlegen, wie ich dir helfen kann, hör zu. Gleich Morgen werde ich bei deinem Meister ein geschmiedetes Gitter für das neue Taufbecken in Auftrag geben. Der Meister wird diesen Auftrag ablehnen, weil ich das Gitter aus einem Stück geflochten haben möchte. Dann kommt ihr und meldet euch für diese Arbeit. Wenn du sie vom ersten Hahnenschrei bis zur Stunde eins mitten in der Nacht vollendest, gehören dir einhundert Gulden. Wenn nicht, ist deine Seele mein."

Kurt hatte plötzlich begriffen, wer da vor ihm stand. Er hatte große Bedenken, aber seine Liebe zu Mechthild überwog - und er unterschrieb gleich hier am Galgenberg den schnell ausgefüllten Vertrag. Dann lief alles so wie besprochen. Am Dienstag, bevor der erste Hahn gekräht hatte, nahm er sein Werkzeug und das Material und begann mit der Arbeit. Er hämmerte, schmiedete, feilte und verglich immer wieder mit der Zeichnung. Es ging alles flott voran, aber auch die Zeit verging! Er arbeitete bis Mitternacht und die oberste Reihe war auch schon fast geschafft, nur noch ein Niet fehlte. Gleich war es ein Uhr. Mit lautem, nicht zu überhörendem Getöse in der Luft kam der Satan auch schon höchstpersönlich angetobt. Er grinste hämisch, in der linken Hand hielt er den Kontrakt und in der rechten den Geldsack mit den versprochenen 100 Gulden. Dem Gesellen fuhr der Schock in die Glieder und er sah sich schon dem Teufel übereignet. In seiner Not schickte er ein Stoßgebet gen Himmel, schlug ein Kreuz vor der Brust und endete mit ‚Amen'. In diesem Augenblick schlug die Glocke ‚Eins'. Der Teufel schrie auf und ein ohrenbetäubender Lärm erhob sich. Der Geselle stürzte in freiem Fall schwer zu Boden und wurde bewusstlos. Als draußen der Morgen dämmerte, erwachte Kurt aus seiner Bewusstlosigkeit. Seine Augen wurden groß, denn da lag der schwere Beutel mit den Gulden und daneben der zerrissene Kontrakt. Meister Velten war zuerst ganz still und dann kleinlaut, als Kurt ihm die ganze Geschichte erzählte. Er rief nach seiner Tochter, nahm ihre Hände und übergab sie in die Obhut des Gesellen.

Das Mariengitter

Die beiden lebten viele Jahre in glücklicher Ehe und hatten mehrere Kinder, die auch dem Meister als Opa viel Freude bereiteten.

Dieses Gitter wurde später als Mariengitter bezeichnet, aber in der Überlieferung auch Teufelsgitter genannt. Es wurde in der Geschichte immer wieder erwähnt. Viele Reisende kommen bis heute in die Stadt und schauen sich diese Meisterarbeit an. Ein Niet fehlt noch immer.

Das Gitter stand bis zur Bombardierung von Wismar in der Marienkirche; umsichtige Bürger brachten es danach sofort in die Nikolaikirche. Dort kann man es bewundern.

Diese Sage wird auch in veränderter Form erzählt:

Solch ein Gitter, es gibt davon kein zweites Exemplar, soll der Teufel selbst hergestellt haben. Der Meister, der die Bestellung angenommen hatte, wollte ein Gitter bauen über das auch noch die Nachwelt staunen sollte. Dazu rief er den Teufel an, verbündete sich mit ihm und verschrieb ihm seine Seele. Der Teufel arbeitete und der Schmied erntete nach der Fertigstellung viel Lob von allen, die das Gitter sahen. Da kam beim Schmied die Reue, aber es war zu spät. Der Teufel holte sich die versprochene Seele. Nun erfuhr die Nachwelt, wer das Gitter gefertigt hatte und wie hoch der Preis war.

Die Prinzessin

In einer der drei Backsteinkirchen, in der Klosterkirche wird vermutet, soll sich eine verzauberte Prinzessin aufhalten. In der Silvesternacht und auch in der Johannisnacht (24.06.) könne man sie sehen. Sie fährt dann in ihrer goldenen Kutsche, die von vier Schimmeln gezogen wird, durch Wismar. Der Kutscher vorn auf dem Bock hat keinen Kopf. Sie fährt aus der Kirche zum neuen Tor hinaus, einmal um die Stadt bis hin zum Altwismartor. Durch die Altwismarstraße geht es weiter, die Lübsche Straße entlang bis zur Neustadt. Dort kehrt sie um und fährt in die Stadt zurück. Am neuen Tor stand früher ein Pulverturm, natürlich mit einer Wache davor. Den Wachsoldaten forderte sie einst immer auf, sie doch endlich zu erlösen. Aber keiner hatte den Mut dazu, denn alle wussten: sie würde sich in einen riesigen Ochsen mit einem großen rot leuchtenden Maul verwandeln. In das Maul sollte der Erlöser dann steigen. Aber jeder Wachsoldat hatte Angst um sein Leben und deshalb wurde die Prinzessin bis heute nicht erlöst.

Heiliger Ludolf

Ludolf, Bischof von Ratzeburg (* 12. Jh. in Sachsen–† 1250), war seit 1236 Bischof in Ratzeburg. Ratzeburg gehörte einst zu Mecklenburg-Strelitz und der Herzog Albrecht von Sachsen-Lauenburg war ein skrupelloser Gegenspieler. Ludolf aber wollte, dass Recht und Gesetz weiterhin galten. Deshalb wurde er von den Vasallen des Herzogs gefangen genommen und in ein Verließ gesperrt. Erich von Walde, ein Lübecker Ritter, tat sich dabei besonders hervor. Er überließ den an Händen und Füßen gefesselten Gefangenen in den nahen Wäldern den stechenden Mücken. Irgendwann wurde Ludolf befreit und fand Aufnahme im Benediktiner Kloster zu Wismar. Es wird berichtet, dass Herzog Johann von Mecklenburg (1227–1264) dem Bischof Asyl gewährte.

Der Bischof Ludolf belegte kurz vor seinem Tod den Askanierherzog Albrecht von Sachsen-Lauenburg mit einem Kirchenbann – der bis in die vierte Generation galt.

Ganz friedlich soll Ludolf während einer Messe eingeschlafen sein. Die Mönche sangen im Gottesdienst das Lied: „Kommt, ihr Gesegneten meines Vaters" und Ludolf folgte diesem Ruf. Der Leichnam wurde nach Ratzeburg überführt und bereits auf diesem letzten Weg sollen sich erste Wunder zugetragen haben.

Die Glocken der Kirche in Schlagsdorf läuteten ohne menschliches zutun, als der Trauerzug vorüber zog.

Kranke, die sich nahe am Grab von Ludolf aufhielten, sollen auch in der Folgezeit immer wieder geheilt worden sein. Ein Beispiel: Ritter Hartwig von Ritzerow hatte eine kleine Pfeilspitze im Kopf, die ihm immer wieder Schmerzen bereitete. Damit war er schon bei mehreren Ärzten erfolglos in Behandlung gewesen. Nach dem Aufenthalt an Ludolfs Grab ließ sich die Pfeilspitze ohne großen Aufwand entfernen.

Bischof Ludolf wurde bald nach seinem Tod heilig gesprochen. Es ist der einzige Heilige den Mecklenburg in seiner Kirchengeschichte vorweisen kann.

Die Wallfahrt zum Wischberg*

Der Wischberg, 150–200 Fuß hoch und einst von den Riesen geschaffen, diente als Seezeichen nach dem die Schiffer in längst vergangenen Zeiten den Kurs hielten. Hier, im Innern dieses Berges, der bereits 1322 in einer Urkunde genannt wurde, soll eine goldene Wiege zu finden sein. Jahrelang konnte man immer am 18. Oktober sehen wie sich der Berg auftat und eine doch recht merkwürdige Prozession den Berg hinauf zog. Der Zug bewegte sich direkt auf eine gut sichtbare goldene Wiege zu. Seltsam sah es aus, wenn Männer auf Hähnen oder Ziegenböcken, auch auf Dorschen oder Knurrhähnen, großen und kleinen Hunden oder gar auf Igeln hinauf ritten. Wer kein Tier hatte ritt auf einem Besenstiel, einer Kerbsäge, einer Tonne oder einfach auf einem Stock hinauf. Auf der anderen Seite des Berges bot sich ein ebenso seltsames Bild. Hier kamen Frauen angekrochen, die versuchten, einen Haufen Krebse den Berg hinauf zu treiben. All diese Frauen und Männer waren kinderlose Eheleute, deren Wunsch nach eigenen Kindern auch nach drei- und mehr Ehejahren unerfüllt blieb. Wenn beide Gruppen auf dem Berg angekommen waren, wurde der jüngste Ehemann in eine Wiege gelegt und wie ein Baby geschaukelt. Weitere Männer, mit einem Teelöffel voll Wasser aus dem Köppernitztal in der Hand, kamen nun zu diesem Menschenauflauf dazu. Sie waren ganz vorsichtig, um nichts zu verschütten. Die Männer, die aus Metelsdorf angelaufen kamen, hatten alle einen Fingerhut voll Wasser bei sich. Am Vortage hatten sich alle am Mückenfang beteiligt. Der älteste der Ehemänner – es war der ‚Ältermann der Wischberggilde' – spickte diese Mücken für ein leckeres Mahl.

Diese Sage vom Wischberg gilt als eine der seltsamsten Sagen und wird auf alte Bräuche zur Fruchtbarkeit in vorgeschichtlicher Zeit zurückgeführt.

Die Goldene Wiege vom Wischberg

Im Wischberg, dem alten Wahrzeichen der Schiffer, ruht der Sage nach eine verwunschene Prinzessin in einer goldenen Wiege. Sie zu finden ist bisher noch keinem gelungen.

Das Gretchenzimmer

Die Herrschaft der Schweden war nach rund 150 Jahren beendet. Die Hansestadt sollte dennoch nicht zur Ruhe kommen, denn napoleonische Truppen zogen mehrmals in Wismar ein und hielten die Stadt besetzt. Im ehemaligen Brauhaus - bis heute ein Restaurant (Zum Weinberg) mit einer vorzüglichen Küche - waren Franzosen einquartiert. Wenn Margarete, die liebreizende Haustochter, in der Gaststube servierte leuchteten die Augen aller Gäste, besonders auch die der französischen Offiziere. Sie waren freigiebig mit ihren Komplimenten und mit dem Trinkgeld. Ein schwarzhaariger Leutnant mit braunen Augen bemühte sich besonders darum, die schöne Maid zu erobern. Margarete schien auch nicht abgeneigt zu sein. Die Hauseltern sahen es mit Kümmernis und schmiedeten einen Plan. In der Diele war eine Tür, die in ein kleines Zimmer führte, das später das Gretchenzimmer genannt wurde. Das Zimmer wurde mit einem Bett, einem Eimer für die ‚persönlichen Bedürfnisse' und mit genügend Speis und Trank ausgestattet. Margarete sollte trotz der mehrtägigen Verbannung in diesem Raum keine Not leiden. Dem verliebten Franzosen, der täglich traurig nach Gretchens Verbleib fragte, erklärten sie: „Sie ist auf Besuch bei Verwandten." Der Leutnant musste wieder ins Feld und fand den Tod in

Detail im Restaurant „Zum Weinberg". Auch die geheime Tür, hinter der sich heute ein Arbeitszimmer befindet, gibt es noch.

der ersten Schlacht. Seitdem ist es im Gretchenzimmer nicht mehr, wie es war. Es spukt! Die Dielen knarren, ein Stuhl wird geschoben und manchmal hört man ein Stöhnen in der Kammer. Die Seele des Leutnant kann es nicht sein, er soll dieses Zimmer nie betreten haben. Und Margarete? Hat ihr die ungewollte Trennung so zugesetzt? Bis heute konnte das Geheimnis nicht gelüftet werden.

Der verliebte Brauherr

In Wismar blühte das Brauereiwesen. Die Bierzölle waren deutlich herabgesetzt worden und die weithin bekannte „Wismarer Mumme" ließ sich so gut wie nie in Deutschland und anderen Ländern verkaufen. Das Geschäft blühte, die Taler flossen. Am Lohberg, hier gibt es auch heute noch eine Gaststätte, gab es bereits vor langer Zeit ein Brauhaus.

Der Brauherr war Witwer. Hatte ihm einst das schöne Geld: „Geld allein macht nicht glücklich" oder ein schönes Mädchen: „Alter schützt vor Torheit nicht", den Kopf verdreht. Wer weiß?

Der Brauherr war frisch verliebt. Einer jungen Frau, bildhübsch und gar zärtlich zu ihm, war dieser Umstand zu verdanken. Freunde des Brauherrn warnten ihn und gaben viele ‚wohlgemeinte' Ratschläge. Es half nichts – er heiratete die Schöne. Am Anfang der Ehe lief alles nach seinen Vorstellungen ab, er war glücklich und zufrieden. Aber es kam der Tag und er musste mit einem Schiff nach Flandern segeln. Wichtige geschäftliche Dinge gab es dort zu regeln. Die Rückfahrt brachte aber alles durcheinander. Segelschiffe wurden in Wismar rechtzeitig vermeldet, damit sich alle auf die Rückkehr des Schiffes und der

Freigelegtes Fachwerk am Brauhaus – mit Schachbrett und Mühle

Besatzung einstellen konnten. Was aber machte der Verliebte? Er ging in Lübeck von Bord und eilte ganz geschwind mit einer Kutsche nach Wismar zu seiner Angetrauten. Er wollte sie überraschen und betrat mitten in der Nacht sein heimatliches Domizil. Beladen mit Geschenken erreichte er die Tür zum gemeinsamen Schlafzimmer und blieb erstarrt davor stehen, als er eindeutige Liebesgeräusche vernahm. Leise öffnete er die Tür und überraschte einen fremden Jüngling und seine holde Ehefrau in Flagranti. Der Liebhaber flüchtete durch ein Fenster und kam unerkannt davon. Die Ehefrau jammerte erschrocken und der Heimkehrer wankte vor Enttäuschung und voller Gram in den Bierkeller. Alkohol war schon immer ein schlechter Berater - nach dem dreizehnten Halbliter Mumme stürzt er sich in eines der großen Braufässer und ertrank.

Mit dem Braugewerbe ging es danach in Wismar bergab. Ob der tragische Tod des angesehenen Brauherrn oder, wie Historiker meinen, andere Ursachen das Übel waren können wir heute nicht mehr aufklären.

Die Blutegels

Eine sehr aufgeregte feine Dame der oberen Gesellschaft kam in die Apotheke gestürmt, direkt auf Carl Friedrich Framm zu, holte tief Luft und sprach hochdeutsch. Hier musste etwas besonderes Geschehen sein, denn sonst sprach die Frau - wie in Wismar üblich - platt. „Also, ich holte doch gestern von ihnen Blutegel." Das bestätigte Framm und wartete, was da wohl noch kommen würde. „Mein Mann war vom Kutschbock gefallen und ich dachte, er hätte sich was gebrochen. Der Doktor wollte seine Sprechstunde aber deshalb nicht extra unterbrechen und gab mir den Auftrag die Blutegel zu besorgen. Nachmittags kam dann der Doktor, dem ich nichts übles

Hirsch Apotheke, unweit vom Markt

nachreden will, zu meinem Mann. Aber er hatte wohl seinen Frühschoppen bei Böckeln etwas ausgedehnt und zu viel vom Rotwein getrunken. Nun griff er sich den ersten Blutegel und setzte in an. Aber der biss sich nicht fest und der Doktor brummte etwas vor sich hin. Auch beim zweiten passierte wieder nichts und er wurde schon lauter und warf den Egel auch weg. Nun schimpfte er auf den Apotheker und setzte den dritten Blutegel an. Als auch der nicht biss konnte ich nicht mehr und nahm meinen ganzen Mut zusammen. Vor dem Hauspersonal sagte ich laut und deutlich: Herr Doktor, wäre es nicht besser, wir würden meinem Mann zuerst die hirschledernen Hosen ausziehen?"

Der Apotheker lachte aus vollem Herzen und prustete: „Herrlich, der gute Ziemsen. Nein, durch die Lederhose konnten sie wahrlich nicht beißen und ihre Wirkung entfalten." Alle in der Apotheke lachten mit und die Geschichte machte in ganz Wismar die Runde.

Kinder im unterirdischen Gang

Einst soll es einen unterirdischen Gang von der Insel Poel bis zur Insel Walfisch gegeben haben, der sogar noch bis zur Stadt Wismar geführt haben soll. Vor langer Zeit, so wird berichtet, spazierten dort mehrere Konfirmanden mit Trommeln und Flöten hin, um diesen Gang zu erkunden. Keines dieser Kinder soll zurück gekommen sein.

In einer anderen Erzählung wird von mehreren Kindern berichtet, die beim Spielen am Tunneleingang weiter drinnen ein Licht gesehen hätten. Sie gingen neugierig hinein und sahen beim Näherkommen eine sitzende Frau die schlief. Daneben saß ein Pudel der nun laut bellte, als

Blick von Hoben zur Insel Walfisch.

er die Kinder bemerkte. Da erwachte die Frau und bat die unerwarteten Gäste freundlich darum, doch näher zu kommen. Die Kinder waren überrascht und auch ein wenig ängstlich. Da zeigte die Frau auf eine Kiste voll Gold: „Kommt doch näher und füllt euch die Taschen mit Gold." Nur ein Kind traute sich näher heran. Sie streckte die Hand aus und sagte: „Wie siehst du nur um deine Haare aus? Ich will dich erst einmal ordentlich kämmen." Sie kämmte es so lange, bis es zu einem Pudel wurde. Die anderen packte nun die Angst und sie rannten zum Ausgang. Zwei fielen noch im Tunnel tot um; ein Kind starb vor seiner Haustür und ein weiteres starb am nächsten Tag. Nur ein Kind, das vor dem Eingang stehen geblieben war, überlebte.

Der Trommelschläger*

Ein Trommelschläger hatte während der andauernden Schwedenzeit ein grausiges Verbrechen verübt. Das hohe Gericht im Fürstenhof sprach sein Urteil. Der Soldat bat um Gnade und der Rat wollte das Urteil aufheben falls er bereit wäre, einen unterirdischen Gang zu erkunden. Vom Franziskanerkloster aus gab es einen geheimnisvollen Gang von dem man zwar wusste wo er begann, aber nicht wo er endete. Er soll bis nach St. Jakob geführt haben.

Nun sollte der Soldat mit lautem Trommelwirbel den Gang begehen, damit man ihn oben hören und ihm folgen konnte. Er bekam seine Trommel, stieg damit hinab in die dunkle Tiefe und machte sich auf den Weg. Die lauten Schläge auf der Trommel konnte man von der ABC- Straße, dann die Altböterstraße entlang bis hin zum Markt verfolgen. Dann war die Trommel verstummt, der Trommler kam nie wieder ans Tageslicht. Deshalb weiß bis heute niemand, ob dieser Gang wirklich bis St. Jakob geführt hat oder wo dieser Gang endete. Der schwedische Stadtkommandant befahl dann, dass der Eingang im Franziskanerkloster zugemauert wurde. Lange wurde erzählt, dass nächtliche Besucher Trommelschläge aus der Tiefe gehört haben sollen.

Sagen/Geschichten von einem Trommelschläger der einen Gang erkunden soll, gibt es auch in Gadebusch und Dömitz (s. Sagen und Geschichten Ludwigslust und Griese Gegend).

Begann hier, im alten Kloster, der unterirdische Gang ?

Das Gesicht der Schwiegermutter

Der Fürstenhof ist mit zahlreichen Sandsteinreliefs verziert. Auf dessen Fertigstellung um 1550 musste des Herzogs Verlobte fünf Jahre warten. Die deshalb gehässig grinsenden Figuren im Relief am ‚Neuen langen Haus' sind bis heute ein Anziehungspunkt mit Raum für vieldeutige Interpretationen. Heiratswilligen wird deshalb geraten, sich bei der Betrachtung der Reliefs eigene Gedanken zu machen. Die Orakel können vieles bedeuten; aber die `Schwiegermutter` wird meistens zuerst erkannt.

Relief am Fürstenhof (Schwiegermutter rechts am Tisch stehend)

Nix und Nixe

Die Wasserkunst (1580–1602 errichtet) auf dem Markt ist nicht nur eine Augenweide, sie birgt auch manche kleine Geschichte.

Um die Wasserversorgung der Stadt Wismar zu sichern, wurden die einst überirdischen Leitungen zum Schutz vor Feinden unterirdisch verlegt. Das Quellwasser kam aus Metelsdorf.

Hölzernes Wasserrohr   *Nixe & Nix als Wasserspeier*

Zur Sicherheit wurden von dort zwei verschiedene Leitungen, ‚Mannrohr' und ‚Weibsrohr' genannt, verlegt. Die Rohre endeten in der Wasserkunst bei Nix und Nixe, auch Adam und Eva genannt. Aus den Figuren sprudelte dann das Wasser heraus. Sie waren einst aus Bronze und werden im Museum vom Schabbellhaus aufbewahrt.

Die unterirdischen Leitungen und Gänge regten stets die Fantasien an, aber für die meisten Geschichten um geheime Gänge etc. gibt es keine konkreten Belege - das sagen die Archäologen. So sollen in der Wasserkunst auch die Trommelschläge des verurteilten Trommlers zu hören sein.

Die heilenden Linden

Preußische Truppen belagerten einst die Hansestadt und es herrschten Not und Elend. Hunger und Krankheiten grassierten und ließen viele sterben; Medikamente gab es nicht mehr. Ein Aufguss aus Lindenblüten war das einzige Mittel, das Ärzte noch verordnen konnten.

Reich blühende Linde

Reich blühende große alte Bäume standen unweit des Mecklenburgischen Tores, direkt an der Stadtmauer. Dort wurden die Lindenblüten für den heilsamen Trank gesammelt. Da kam die Schreckensnachricht wie ein Lauffeuer in die Stadt: die Preußen legen alle Bäume rings um Wismar um. Schnell handelnd, baten die Wismarer Bürger in ihrer Not den Feind um Schonung der Lindenbäume. Die Preußen ließen die neun großen Linden tatsächlich stehen; in einigen Überlieferungen wird von ‚sieben' Linden berichtet.

Im Volksmund wurden sie „Gottes Barmherzigkeit" oder auch „Preußische Barmherzigkeit" genannt.

Die Linden stehen heute nicht mehr.

Ein Pappelstab

Am Gefangenenturm im Lindengarten soll einst eine Pappel gestanden haben, die eine besondere war.

Ein Schustergeselle, der auf Wanderschaft in Richtung Hansestadt Wismar war, hatte sich in Kritzowburg einen Wanderstab von einem Pappeltrieb geschnitten. Endlich in Wismar angekommen machte er im lichten Schatten hoher Bäume im Lindengarten Rast. Seinen Stab, den er in die Erde gesteckt hatte, vergaß er beim Weiterziehen - aber der vertrocknete nicht, sondern wuchs zu einer großen Pappel heran.

Die ewige Jagd

Die einzige wahre Leidenschaft eines Edelmannes war die Jagd. Er jagte immer so lange und ohne Rücksicht auf das Wild und die Natur, bis kein Wild mehr vorhanden war. Da geschah es, dass ein freundlicher gut gekleideter Fremder ihm Wild zum Abschuss in Hülle und Fülle versprach. Nur eine Kleinigkeit sei dabei zu beachten, er müsse vorher mit seinem Blut seinen Namen in dieses Buch einschreiben. Der Teufel persönlich hielt ihm sein ‚Lebensbuch' hin und er schrieb. Als Gegenleistung dürfe er nun solange jagen, wie er nur wolle. Nun jagte er unermüdlich und kein Schuss ging daneben. Als der Jäger alt und krank geworden war und seine Zeit zu Ende ging, kam der Teufel und pochte auf sein Recht; er hätte ihm doch seine Seele verschrieben. Aber der Alte meinte, er habe die Lust am Jagen doch gar nicht verloren. Wie lange willst du denn noch jagen? Ewig, antwortete der Jäger. So soll es sein, dann jagt in alle Ewigkeit, meinte der Teufel, drehte ihm das Genick um und fuhr von dannen. Nun heulte es in der Luft wie Hundegebell und Jagdrufe, neunmal tobte es ums Haus des Jägers, dann war es still. Da begann die wilde Jagd, die bis heute noch kein Ende fand.

Wappenstreit

Um das alte Wappen der Stadt Wismar geht es in dieser Geschichte: Der Rat vergab den Auftrag zur Gestaltung eines Stadtwappens an einen Künstler und bezahlte auch sofort bar. Der Künstler schuf das noch heute gültige Wappen: Eine Hälfte in den Farben der Hanse und der Stadt Wismar in weiß-roten Querstreifen und die andere Hälfte mit einem halben Ochsenkopf. Der Künstler meinte nach der Bezahlung keck: Die Hälfte der Ratsherren seien dumme Ochsenköpfe. Nach Protesten und lautem Aufschrei musste er sich dafür entschuldigen und korrigierte: Die Hälfte der Ratsherren seien keine dummen Ochsenköpfe.

Wappen der Hansestadt

Hexerei in Jakobshof

In Jakobshof bei Wismar (heute Lübsche Str. 161) hat einst ein dreibeiniger Hase die Kornfuder umgekippt und der Bauer hat gesagt, er wolle das schon machen. Sie soll sich zeigen mit einem Ohrring aus einer Weide (d.h. von einem gedrehten Weidenzweig). Am dritten Tag ist eine Frau gekommen mit einem Kopftuch auf - und das mitten im Sommer. Das hat sie abnehmen müssen, da konnte man dann sehen, dass sie Weidenzweige in ihren Ohren hatte.

Ein anderes Mal soll der Hase dort mit einer anderen Hexe getanzt haben.

Claus Störtebeker in Wismar

Über den Freibeuter Claus Störtebeker gibt es viele Geschichten, auch aus der Hansestadt Wismar.

Es war im Spätsommer Anno 1391. Der Hafen der Hansestadt war voll von Vitalienbrüdern, die auf die gut ausgerüsteten Proviantschiffe wollten. Da ging ein Raunen durch die Menge, als drei stattliche Koggen in den Hafen einliefen. An den Masten wehten die bekannten und gefürchteten Piratenfahnen. Mit kühnen Manövern erreichten sie den Hafen. Die Schiffe waren voll mit Piraten besetzt, denen man ansah, dass sie kampferprobt waren. Armbrüste, Handbeile, Schwerter und Morgensterne trugen die meisten, einige auch Panzer und Helm. Andere waren bis zum Gürtel nackt. Schweigend fuhren sie herein und schweigend wurden sie von den unzähligen Menschen empfangen. Plötzlich schrillten Pfeifensignale durch die Luft und mit erstaunlicher Schnelligkeit wurden die Segel gerafft, Anker zu Wasser gelassen und dicke Trossen ans Ufer geworfen.

„Was für'n Schiff?" rief nach altem Brauch der Wismarer Hafenkommandant durch die hohle Hand. Er, ein alter bärtiger Schiffer, war von oben bis unten in einen Kettenpanzer gehüllt.

„Seetiger!" rief es vom Deck der ersten Kogge, die gerade vor Anker ging.

„Seeschäumer!" war die Antwort von der zweiten und „Seerenner!" von der dritten Kogge.

Nun wussten die Eingeweihten, dass es die Schiffe der drei gefürchteten Ostseepiraten Claus Störtebeker, Michael Gödeke und Magister Wigbold waren. Der Schiffshauptmann Claus Störtebeker schritt als erster an Land. Sein Wams, das ihm bis über die Hüften reichte, war leuchtend rot und er trug hellbraune Strumpfhosen aus weichem Leder. Ein breites Schwert trug er seitlich und seine strohblonden nackenlangen Haare bedeckte ein dunkler Barrett. Störtebeker war eine stattliche Erscheinung, stolz und kraftvoll. Der Weg wurde ihm ehrerbietig und gleichermaßen furchtsam freigemacht. Er aber grüßte fröhlich lachend das umherstehende Volk.

Der alte Hafen von Wismar heute

Dann folgten die Verhandlungen im Rathaus, die zu aller Zufriedenheit verliefen.

Die drei Freibeuter blieben absolute Herren über ihre Schiffe und konnten auch zukünftig über ihre Beute frei verfügen. Dafür mussten sie sich verpflichten: jede Gelegenheit wahrzunehmen um die Handels- und Kriegsflotte der Königin von Dänemark zu schädigen und zugleich dabei helfen, das belagerte Stockholm mit Lebensmitteln zu versorgen. Zukünftig sollten sie nun unter dem Schutz der mecklenburgischen Herzöge stehen und jederzeit Schutz und Aufnahme in den mecklenburgischen Häfen finden. Es wurde ihnen sogar gestattet ihre Beute in den Häfen zu angemessenen Preisen zum Verkauf anzubieten.

Die Ausfahrt der Vitalienflotte wurde ein Volksfest für Wismar, die ganze Bürgerschaft war auf den Beinen. Die Glocken aller Kirchen läuteten und die Pfarrer segneten die Schiffe vor der Ausfahrt. Sie besprengten auch die Piratenkanonen mit Weihwasser.

An den Masten der Handelsschiffe flatterten bunte Wimpel. Der Kapitän Henning von Manteuffel hatte das Kommando über die Schiffe mit Lebensmitteln, Waffen und Munition. Die Eingeschlossenen in Stockholm benötigten diese Waren dringend. Draußen auf der Ostsee sollte sich diese Flotte mit den gleichzeitig aus Rostock auslaufenden Schiffen vereinigen. Einer solchen Seemacht, Freibeuter und Handelsschiffe, konnten die Dänen schwerlich etwas anhaben.

Die abgegoltenen Schulden

Von einer `Merckwürdigkeit` in Wismar wird in einem alten Lexikon folgendes berichtet:

Gegen Ende des 15. Jahrhunderts wurde zu Wismar ein Priester verhaftet, verurteilt und zu ewigem Gefängnis verdammt. Er hatte jahrelang reiche Bürger bestohlen und dazu ganz akribisch ein Buch geführt. Darin hatte er alles aufgezeichnet und so niedergeschrieben, als wären die Bürger seine Schuldner. Hatte er sich nun seinen Teil ergaunert schrieb er in sein Buch, die redlichen Bürger hätten ihre Schuld abgetragen und bezahlt.

Der schwarze Pudel

In dunklen Nächten, bei Sturm und Regen, soll es in der ‚Großen Hohen Straße' nicht ganz geheuer gewesen sein. In solchen Nächten habe sich, so wird leise erzählt, genau zu Mitternacht ein schwarzer Pudel umhergetrieben. Er soll glühende Augen und große weiße Zähne gehabt haben, mit denen er Angst und Furcht verbreitete.

Ein verheerender Blitzschlag

Es war Anno 1699, als ein einziger Blitzschlag die Hansestadt schwer in Mitleidenschaft gezogen hatte.

An einem Abend, die Luft war schwül und drückend warm, zogen dunkle Wolken auf. Ein Gewitter kündigte sich in der Ferne mit ersten

Blitzen und Donner an. Ein Soldat hatte an einem der Pulvertürme Wache. Dieser fromme Mann, der spürte was sich da zusammenbraute und auf Wismar zukam, betete um Gottes Schutz und sang mit lauter Stimme ein christliches Lied. Ein anderer Soldat, der des Weges kam, hörte es und spottete: „Was schert dich der liebe Gott." Er hatte den Satz gerade ausgesprochen, da schlug auch schon der Blitz in diesen Pulverturm ein, der mit entsetzlichem Knall explodierte und in die Luft flog. Der fromme Soldat wurde mit dem Wachhaus in die Luft und weit fort geschleudert. Dort fand man ihn später zwar betäubt, ansonsten aber unversehrt an Leib und Seele. Von dem anderen Soldaten, der ihn verspottet hatte, fand man nichts mehr.

Pulverturm am Lindengarten   *Der von Eulenspiegel persönlich eingeritzte Stein der St. Marienkirche und ein kleiner Spielzeugnarr.*

Eulenspiegel beim Schmied

Auf seinen Wanderungen kam Eulenspiegel einst auch in die Hansestadt Wismar. Gerade angekommen, sah er vor einer Schmiede eine gut gekleidete Frau stehen, die mit ihrer Magd in ein Gespräch vertieft war. In der Herberge gegenüber fand er Quartier. In der Nacht nahm er seinem Pferd alle vier Hufeisen ab und marschierte am nächsten Morgen in die Schmiede. Dort erkannte man ihn sofort. Der Schmied, seine Frau und die Magd eilten sofort auf die Diele des Hauses um zu sehen, was Eulenspiegel anzustellen gedachte. Eulenspiegels Frage war einfach: möchtest du mein Pferd beschlagen. Der Schmied nickte sofort zustimmend, denn er wollte gern mit Eulenspiegel ins Gespräch kommen. Der Schmied bot Eulenspiegel an: wenn du mir ein wahres Wort sagst, bekommst du für dein Pferd ein Eisen umsonst. Das gefiel Eulenspiegel und er sprach:

„Wenn Ihr habt Eisen und Kohlen und Wind in die Bälge zieht, so seid Ihr der rechte Schmied."

Da meinte der Schmied, das ist ein wahrer Spruch und gab Eulenspiegel für sein Pferd ein Eisen. Der Schmiedegeselle schlug dem Pferd das Eisen auf und meinte, auch mir könnt ihr ein wahres Wort sagen. Wenn es stimmt gebe ich euch auch ein Eisen für euer Pferd. Eulenspiegel lächelte und sprach: „Ein Schmiedeknecht und sein Kumpan, die müssen beide hart heran, wenn sie in Arbeit stahn." Der Knecht war zufrieden und schlug dem Pferd das zweite Eisen auf.

Die Frau des Schmiedes und die Magd waren nun recht neugierig geworden und drängten sich dicht an Eulenspiegel heran. Jede wollte ein wahres Wort gegen ein neues Hufeisen eintauschen. Zur Hausherrin sprach Eulenspiegel: „Frauen, die viel vor den Türen stehn und ihre Augen gern verdrehn, wenn sie nur die Gelegenheit hätten, sie wären nicht Fisch bis auf die Gräten." Die Frau war mit ihrem Spruch ebenfalls zufrieden und gab ihm ein Hufeisen zum Beschlag.

Die Magd schaute Eulenspiegel erwartungsvoll an und wollte endlich ihren Spruch hören. „Mägdelein, wenn du issest, so hüte dich vor Rindfleisch, so brauchst du nicht in den Zähnen zu stochern, und es tut dir auch der Bauch nicht weh." Sie war ebenfalls zufrieden und Eulenspiegel ritt mit seinem gut beschlagenen Pferd wohlgelaunt von dannen.

Eulenspiegel schneidet Schuhe zu

Eulenspiegel verdingte sich bei einem Schuhmacher, der viel lieber auf den Markt ging um Neuigkeiten auszutauschen und mit der holden Weiblichkeit zu schmeicheln als zu arbeiten. Er sagte zu Eulenspiegel: „Schneid du das Leder zu." „Und welche Form soll ich zuschneiden?" Der Schuster wollte schnell zum Markt und meinte: „Schneide zu, groß und klein, wie es der Schweinehirt zum Dorf hinaustreibt." Das Eulenspiegel „Mach ich" antwortete, hörte er schon nicht mehr. Nun schnitt Eulenspiegel das Leder zu. In Schweine, Ochsen, Schafe und allerlei weiteres Getier, wie es auf dem Bauernhof so lebt. Abends kam dann endlich der Meister heim und besah sich die Arbeit seines neuen Gesellen. Sprachlos und blass vor Schreck stand er vor dem nun nutzlosen Leder. Er stammelte: „Was hast du aus meinem Leder gemacht?" Eulenspiegel, der Schalk lächelte nur und sagte: „Lieber Meister, ich hab es gemacht, wie Ihr es gern habt." „Du lügst," war die Antwort, „so wollte ich es nicht haben, nun ist es verdorben!" „Aber Meister", antwortete Eulenspiegel, „ihr wolltet selbst, dass ich das Leder groß und klein schneide, so wie es die Schweinehirten aus dem Stadttor treiben." „So meinte ich das nicht, ich wollte es für große und kleine Schuhe haben," erwiderte der Meister erbost. „Hättet ihr mir dies so gesagt, so hätte ich es doch für euch getan," meinte Eulenspiegel.

Eulenspiegel gelobte Besserung und sie schlossen wieder Frieden. Der Meister verzieh ihm den Pfusch, schnitt neues Sohlenleder zu und meinte: Nähe nun um das Sohlenleder, das ich gerade zugeschnitten habe, die kleinen und die großen Schuhe; alle durcheinander. Eulenspiegel nickte und der Meister wollte schon aus dem Haus gehen, aber da schaute er ahnungsvoll nochmals zu Eulenspiegel. Der nahm einen kleinen Schuh, steckte den durch einen großen Schuh und nähte sie zusammen. Dem Meister blieben die Worte im Munde stecken. „Was tust du? Du solltest ein Paar kleine Schuhe nähen und danach ein Paar große, oder die Großen zuerst und dann die Kleinen! Das habe ich gemeint." „Wer tut was man ihm sagt, der wird nicht geschlagen," erwiderte Eulenspiegel. Da nahm der Meister ihm das Leder weg und gab ihm einen Leisten. „Sei verständig, hier ist neues Leder. Schneide nun Schuhe über einen Leisten zu," wies er ihn an und ging eilig davon. Nach geraumer Zeit kam ihm während seiner Geschäfte in der Stadt seine Anweisung wieder in den Sinn: „Schneide das Leder über einen Leisten!" Eilig lief er heim und es war so, wie er es befürchtet hatte. Eulenspiegel hatte alles Leder über einen linken Leisten zugeschnitten. „Hast du zwei linke Füße, keinen rechten? Wo ein linker Leisten ist, gehört doch auch ein rechter Leisten dazu!" „Aber Meister, ihr habt nur von einem Leisten gesprochen und das habe ich so gemacht." Nun wollte der verärgerte Meister das Leder von Eulenspiegel bezahlt haben, denn er musste neues dazu kaufen. Eulenspiegel war da seiner Meinung und stimmte ihm zu: „Der Gerber kann des Leders mehr machen," stand auf und ging schnell zur Tür. Dort drehte sich nochmals um und verabschiedete sich mit den Worten: „Komm ich nicht wieder in das Haus, so bin ich doch dagewesen." Dann verließ er die Stadt.

Eulenspiegel als Schuhmacher beim Seiltanz; so im Möllner Eulenspiegelmuseum dargestellt.

Eulenspiegel erneut beim Schuhmacher

Eulenspiegel, der einem Schuhmacher in Wismar mit seiner `Hilfe` schon großen Schaden zugefügt hatte, traute sich trotzdem wieder in die Hansestadt und auch zu dem gleichen Schuster. Er erzählte ihm, dass er bald eine größere Menge an Leder und Schmalz erhalten werde. Die wolle er ihm günstig überlassen, als Ausgleich für den Schaden von damals. Das hörte der Schuster gern und er meinte: „Ja, daran tust du gut, denn du hast aus mir einen armen Mann gemacht!"

Eulenspiegel ging nun zu einem Schinder, der jetzt - zur Winterszeit - die `Gemächer` reinigte. Diese Abfälle wurden ansonsten ins Wasser entsorgt, aber Eulenspiegel versprach bares Geld für 12 Fässer mit Jauche. Nun füllten sie für ihn zwölf Fässer knapp voll und ließen sie im Freien, wie gewünscht, gefrieren. Dann holte er alle Fässer ab, füllte die Hälfte randvoll mit Talg und die restlichen mit Kerzenfett auf. Danach verschloss er sie ganz fest und ließ alle Fässer zu seiner Herberge „Zum güldnen Stern" fahren. Zum Schumacher schickte er eine Botschaft, seine Waren seien wohlbehalten angekommen. Die Fässer wurden im Beisein des Schusters geöffnet und die Ware für gut befunden. Der Preis lautete: 24 Gulden; 12 Gulden in bar, den Rest innerhalb eines Jahres. Eulenspiegel nahm das Geld und verschwand schleunigst - aus Furcht vor dem Ende.

Der zufriedene Schuhmacher brachte nun die Fässer in seine Werkstatt und stellte Knechte ein, die ihm beim Auftauen helfen sollten. Er wollte in den nächsten Tagen viel Leder einfetten. Als sie Fässer am Feuer aufwärmten begann der Inhalt mächtig zu stinken. Ein Knecht meinte zum anderen: „Hast du in die Hosen geschissen?" Und der Schuhmacher befahl den Knechten ihre Schuhe zu kontrollieren, weil vielleicht einer in Hundekot getreten sei, aber alle beteuerten ihre Sauberkeit. Je mehr Schmalz sie entnahmen umso mehr stank es nach Fäkalien. Da wurde allen klar, was geschehen war. Der Meister und die Gesellen suchten sofort nach Eulenspiegel, doch der war mit dem Geld schon auf und davon. Zu allem Schaden musste der Schuster die Fäkalien auch noch in der Aasgrube entsorgen und hatte weitere Kosten.

Eulenspiegel als Pferdehändler

Nach Wismar kam allzeit ein Rosstäuscher, der bestens bekannt war. Er feilschte um die Pferde, ob er nun kaufen wollte oder nicht und zog jedes Pferd zum Schluss noch am Schwanz. Dabei stellte er fest, ob es lange leben würde. Stand das Haar locker im Schwanz, würde es nicht mehr lange leben, saßen die Haare fest im Schwanz, dann kaufte er es meist. Er glaubte daran, dass es ein langes Leben bei guter Verfassung vor sich habe. In Wismar war dies weithin bekannt und man richtete sich auch nach dieser Aussage.

Eulenspiegel wollte nun den Rosstäuscher vorführen und dem Volk zeigen, dass diese Meinung ein Irrtum sei. Er kaufte sich ein Pferd und da er etwas von der schwarzen Kunst verstand, bereitete er das Pferd zum Verkauf auf dem Markt entsprechend vor. Er bot das Pferd zu einem so überhöhten Preis an, dass es kein Bauer kaufte und wartete nur auf den Rosstäuscher. Als der endlich kam nannte er ihm einen billigen Preis. Jener besah sich das Pferd, fand es schön und stark und nun wollte es nun auch am Schwanz ziehen. Er zog und hatte den Schwanz in der Hand. Eulenspiegel hatte es so vorbereitet und hergerichtet, dass es wirklich wie ein schwanzloses Pferd aussah. Der Rosstäuscher schaute ungläubig drein und Eulenspiegel schrie: „Seht alle her, was er mit meinem Pferd gemacht hat!" Die Händler und Marktbesucher sahen, dass der Rosstäuscher den Schwanz in der Hand hatte und das Pferd ziemlich komisch aussah. Dem Rosstäuscher stand die Angst ins Gesicht geschrieben, denn jetzt kam die Rache für sein Wirken hier auf dem Markt. Er musste zehn Gulden Schmerzensgeld an Eulenspiegel zahlen und der durfte auch noch das Pferd behalten. Eulenspiegel ritt eilig davon und setzte den Schwanz wieder an. Aber der Rosstäuscher hat seitdem niemals wieder ein Pferd am Schwanz gezogen.

Abzug der Zwerge

Einst hatte ein Schiffer schon lange keine Fracht für seinen Kahn bekommen und ging nun ganz traurig ans Wasser.

Es soll in der Nähe vom Wassertor, das bis heute erhalten blieb, gewesen sein.

Ein kleiner Mann trat an ihn heran und fragte, warum er so traurig in die Welt blicke. Naja, so und so. Möchtest du denn eine Fracht laden? „Ja," kam es spontan zurück. Na, dann soll er heute Abend nach Sonnenuntergang mit seinen Leuten das Schiff verlassen und morgen früh,

Das Wassertor

noch vor Sonnenaufgang, mit seinem Schiff draußen beim Baumhaus sein. Als der Schiffer am nächsten Morgen wie abgemacht auf das Schiff kam, sagte der kleine Mann zu ihm, es sei alles in Ordnung - und los ging die Fahrt. Mitten auf der Ostsee fragte der kleine Mann den Schiffer ob er denn wüsste, was er geladen hat. Ja, Ballast, war die kurze Antwort. Na, dann soll er doch mal in den Mannschaftsraum blicken. Erstaunt sah der Schiffer viele kleine Menschen darin und fragte den kleinen Mann: „Was hat das zu bedeuten?" „Ja, die Petermännchen müssen nun das Land verlassen, denn das Brot war hier zu sehr gesegnet und sie hätten dadurch keine Nahrung mehr." Der Schiffer brachte nun, wie gewünscht, seine Ladung an die angegebene Stelle und ging wieder von Bord. Am nächsten Tag war sein Schiff noch gut vertäut, aber leer. Der Schiffer hat von da an immer Fracht für sein Schiff bekommen und musste nie mehr Not leiden.

Der Feuerreiter

Ein Viehhaus (Stallgebäude) hatte einst nahe Wismar gebrannt. Da kam ein Edelmann auf seinem Pferd angeritten, ist mitten durch das Gebäude gejagt und dann in den Teich hinein. Die Leute, die beim Feuer standen, haben nicht gesehen, wo er geblieben ist. Vor ihren Augen ist er einfach verschwunden. Erst nach sieben oder gar neun Tagen hat sich der Reiter wieder sehen lassen. Das Vieh konnten die Leute nicht mehr aus dem Gebäude retten, so hat das Haus gebrannt. Aber als sie nach dem Feuer in den Stall sahen, da stand das Vieh unversehrt und munter darin.

Frau Waur

Frau Waur, so wird es überliefert, soll in Wismar als Drache in der Luft umhergeflogen sein und dabei oft eine wilde Jagd veranstaltet haben.

Es wird behauptet: wenn diese wilde Jagd auf einen zukommt, dann wird man mitgenommen.

Ein Unglücksjäger bei Wismar

Ein Jäger sollte sterben, wenn er abends keinen Braten abliefern würde. Bei seinem Reviergang traf er auf einen Mann, der ihn sogleich fragte, warum er so traurig durch den Wald streife? Da erzählt er ihm seine Geschichte. Ja, ich kann dir helfen, aber schieße ja nicht auf den ersten Bock den du siehst, meinte der Mann und verschwand wieder. Nur wenige Augenblicke später huscht ein ganzer Sprung Wild am Jäger vorbei. Da packt ihn das Jagdfieber, er kann gar nicht mehr richtig denken, er reißt die Flinte hoch und erschießt den ersten Bock. Als er auf das erlegte Tier zugeht sieht er den Mann, der ihm gerade den Tipp gegeben hat, niedergestreckt daliegen. Er wollte dem Jäger helfen, denn er konnte sich verwandeln.

Doppelte Tore waren die Rettung

Die Stadttore von Wismar sollen einst doppelte Tore gewesen sein. Vor langer Zeit schickte ein kranker Bauer seine Frau nach Wismar um den Arzt zu holen. Da hört sie unweit von sich eine Stimme rufen: ich habe mich verirrt. Sie rief zurück, komm her, ich will dir den richtigen Weg weisen. Da tobte der andere hinter ihr her – das ist der Waul gewesen. Als sie an der Stadtmauer ankam rief sie laut: macht das Tor auf. Die Wächter hörten ihren Ruf und öffneten sogleich. Als das Tor wieder zuschlug, hatte der Waul noch das eine Tor beschädigt – das andere hat er aber nicht überwinden können. Denn es war ein doppeltes Tor gewesen und eins ist von innen zugeschlagen, das andere von außen.

Geschichtsträchtige Mauer

Das Schwarze Kloster, heute Große Stadtschule, zierten einst die drei gestifteten farbigen Glasfenster.

Hilfe durch den Heiligen Franziskus

Fürst Johannes, auch der Theologe (1211–1264) genannt, residierte einst in Wismar. Mit Luitgard von Henneberg hatte er sechs Kinder, alles Söhne. Heinrich (1230–1302), ihr Ältester, nahm sich Anastasia aus Pommern zur Frau. Sie hatten zwei Söhne. Nun zog es Heinrich mit anderen auf einen Kreuzzug ins Heilige Land. Anastasia und ihre zwei Söhne verblieben in Mecklenburg. Dies wollten Markgraf Otto von Brandenburg und auch Fürsten aus Sachsen, Meißen, Thüringen und Holstein gemeinsam ausnutzen und fielen mit ihren Truppen nach Mecklenburg ein. In ihrer großen Not um das Land und ihre zwei Söhne erschien Anastasia eines nachts der Heilige Franziskus im Traum. Er versprach den Sieg im Kampf gegen die Eindringlinge. Zum Zeichen dafür wirst du morgen in der Frühe ein Zeichen am Himmel sehen. Sie sah am Himmel ein Panier mit dem Hl. Franziskus. Sofort schickte sie nach einem Maler, der dieses Bild malen sollte. Und so entstand ein neues Panier mit dem Abbild von Franziskus. Heinrich, ihr ältester Sohn, bekam das Bild. Er und sein jüngerer Bruder zogen in den Kampf gegen die Eindringlinge und sie siegten bei Gadebusch gegen das eigentlich überlegene Heer. Heinrich wurde fortan Heinrich der Löwe genannt und sein heldenhafter Kampf damit belohnt.

Die Fürstin aber begab sich zum Kloster des Heiligen Franziskus (Große Stadtschule) und stiftete für die Kirche drei farbige Glasfenster. Ein Fenster zeigte den Heiligen Franziskus.

Das Bleichermädchen*

Einst wurde auch in der Hansestadt Wismar ein junges unschuldiges Mädchen durch schmeichelnde Worte betört.

Sie war ein armes Bleichermädchen, das wegen seiner Schönheit, Frömmigkeit und Sittsamkeit überall beliebt war. Viele junge Männer mit verschiedenen Absichten versuchten, sie zu erobern. Eines Tages betörte sie ein reicher Kaufmannssohn mit all seinen Komplimenten. Sie war entzückt von seinen schönen Geschenken und schmeichelnden Reden und erkannte nicht seine schäbige Absicht. Sie trafen sich zu mancher Liebesnacht am Ufer des Mühlenteiches oder in der Bleicherhütte. Dann erlosch sein Interesse, er hatte sein Ziel erreicht. Nun ließen seine Besuche merklich nach und er erzählte nur noch belangloses Geschwätz. Da erfuhr sie, dass er sich standesgemäß mit einer Ratsherrentochter verlobt hatte. Das Bleichermädchen spürte schon bald, dass sie ein Kind erwartete und wurde immer ratloser und verzweifelter. Als sie den Treulosen eines Tages am Mühlenteich traf, offenbarte sie ihm ihr Geheimnis. Er erschrak und wurde leichenblass. Wegen diesem Bleichermädchen wollte er die reiche Tochter eines angesehenen Ratsharren nicht verlieren. Niemals! Da stieß er das verzweifelte Mädchen ins Wasser - und sie ertrank.

Sie wurde am nächsten Tag gefunden und überall wurde vom Selbstmord und der Schande geredet. Hatte sie den Freitod gewählt, um nicht mit der Schande und dem Spott der Leute leben zu müssen?

Selbstmörder wurden nicht kirchlich bestattet, sondern in der Dunkelheit an der Friedhofsmauer verscharrt.

Das Bleichermädchen ertrank im Mühlenteich.

Nun geschah aber etwas Außergewöhnliches, dass viele Bürger der Stadt in den Erzählungen danach auch als „Gottesgericht" bezeichneten.

Als die Sargkarre mit dem Mädchen an einem Dienstag an der Kirche vorbei kam und sie im Dunkeln beigesetzt werden sollte, läuteten die Glocken der Nikolaikirche plötzlich von allein. Lichter erhellten die Kirche und die Orgel spielte - aber weder Küster oder Organist waren zu sehen. Es war ganz sonderbar und diese Neuigkeit ging von Mund zu Mund.

Auch die Selbstsicherheit des Mörders wurde von diesem Wunder vernichtet; er gestand seine Schuld und wurde hingerichtet.

Das Bleichermädchen wurde unter großer Anteilnahme der Bevölkerung noch feierlich beerdigt.

Jeden Dienstag sollen noch Jahre danach die Glocken von allein geläutet haben. Lange haben die Einwohner von Wismar von dem verführten Mädchen erzählt.

Auch in Rostock gibt es eine Geschichte von einem verführten Bleichermädchen (s. Sagen und Geschichten der Hansestadt Rostock).

Die Unterirdischen

Die Größe eines Zuckerhutes hatten die Unterirdischen und ihre Wohnungen lagen unter der Erdoberfläche.

Sie trugen fast immer eine Kappe und waren somit für die Menschen gar nicht sichtbar.

Spiel und Tanz, daran hatten die kleinen Unterirdischen ihr Vergnügen. Von der Mönchskirche in Wismar haben sie von oben herab auf die Menschen in den Straßen gesehen und sich am Spiel der Kinder erfreut. Sehr oft haben sie den Menschen geholfen; aber manchmal waren sie, warum auch immer, auch ganz schön böse. Sie sollen in den Bergen viele Schätze haben; goldene Wiegen, silbernes Geschirr und vieles mehr.

Qualitätsprüfung der ‚Mumme'

Die ‚Wismarer Mumme', ein dunkles Starkbier, gab es wahrscheinlich schon um 1300. Es war ein süffiges Bier und wurde nicht nur in und um Wismar getrunken, sondern auch mit den Schiffen in viele andere Länder verschickt. Den Oberhäuptern der Hansestadt oblag es, ständig die Qualität des Bieres zu kontrollieren. Die ‚Wismarer Mumme' war eine gute Einnahmequelle und die sollte auch weiterhin erhalten werden.

Aus dem 15. Jahrhundert ist folgende Methode zur ‚Qualitätskontrolle von Exportbieren' überliefert. Die Kieser, so nannten sich die Bierverkoster, trugen zur Verkostung ganz eng anliegende Lederhosen. Eine Holzbank, die eigens dafür ausgesucht war, wurde mit Bier begossen und gründlich benetzt. Die Kieser setzten sich nun für drei Stunden auf diese Bierbank. Der Braumeister verabreichte ihnen ausreichende Mahlzeiten und jede Menge hausgemachtes Bier. Da wurde viel gegessen und getrunken - was sie auch gründlich nach Vorschrift erledigten. Wichtig für das Gelingen der Bierprobe der Kieser war die ‚Arschruhe', das Stillsitzen. Nach drei Stunden war es soweit: ein Bierprüfer stampfte mit dem rechten Fuß auf den Boden und alle erhoben sich gleichzeitig. Wenn die Bierbank beim Aufstehen an den Lederhosen kleben blieb und ein Stück mit in die Höhe ging, dann war die Güteprüfung mit ‚Bravour' bestanden.

Mancher Bürger trank im Brauhaus am Lohberg wohl mehr von der köstlichen Mumme, als er vertragen konnte. Einer verlor Anno 1370 auf dem Heimweg seinen Geldbeutel mit Inhalt. (Fundstück im Stadtgeschichtlichen Museum Schabbellhaus).

Die weiße Frau

Eine weiße Frau geht in der Kirche zum Heiligen Geist um. Dabei trägt sie eine brennende Kerze in der Hand, auch wenn sie durch die Straßen der Stadt geht. Nach ihrem Rundgang kehrt sie in die Kirche zurück, kniet vor dem Altar nieder und betet.

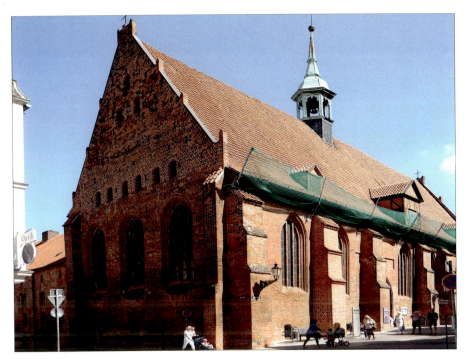

Kirche Hl. Geist

Geisterfahrt um die Kirche

Eine mecklenburgische Herzogin ist in der Kirche vom Schwarzen Kloster begraben. Auf einer großen Kupferplatte vor dem Altar wurde sie in erhabener Arbeit dargestellt. In jeder Neujahrsnacht soll sie um 12 Uhr in einem goldenen Wagen in der Kirche umhergefahren sein.

Der weiße Stein…

Der weiße Stein

Seit 1897 steht hier in Dargetzow ein Wirtshaus, einst Krug genannt. Hier wurden damals die Pferde gewechselt und mit frischen Zugpferden die oft beschwerliche Reise fortgesetzt. Es gab auch Übernachtungsmöglichkeiten. Damit das Haus schon von weiten erkennbar war, wurde dieser große Findling aufgestellt und weiß gestrichen.

Jetzt gibt es hier ein Steakhouse.

Fußball vor der Mönchskirche

Für die Jungs war der Platz vor der Mönchskirche ideal zum Fußballspiel; die Kleidung spielte dabei keine Rolle. Für die meisten Jungen war es damals normal, die Hosen, Jacken und Schuhe der größeren Geschwister abzutragen. Es wurde ganz eifrig gespielt, gekämpft und gehörig Lärm gemacht. Diesen Wettstreit umrahmten lautstark begeisterte Zuschauer, die man aber nicht sah! Von den oberen Luken der Mönchskirche kamen die Geräusche der unsichtbaren Fans. Auch beifälliges Händeklatschen bei tollen Aktionen wurde von den jungen Spielern kaum beachtet. Offensichtlich waren sie an das unsichtbare Publikum, die kleinen Unterirdischen, gewöhnt.

Nur dann, wenn die kleinen Kerle vor lauter Freude im Übermut ihre Mützchen in die Höhe warfen, wurden sie sichtbar. Einen Augenblick lang waren sie zu sehen, dann saßen die aufgefangenen Kappen wieder auf dem Kopf. Aber es geschah auch, dass ein Mützchen vom Dach fiel und ein kleiner Kerl nicht mehr unsichtbar werden konnte. Aber das war kein Malheur. Irgendein Knabe, der den Fall der Mütze gesehen hatte, hob sie auf und warf sie mit kühnem Schwung aufs Dach zurück. Eben so, als hätte er ein verlorenes Spielzeug zurückgegeben. Der kleine Kerl setzte sie auf, war wieder unsichtbar und das Spiel ging wie gewohnt weiter.

Die eiserne Hand

Nahe Wismar, in nördlicher Richtung, stand einst ein großer Findling, der vielleicht als Grenzstein gegolten hat, weil er an einem Kreuzweg stand. Er trug obenauf eine eiserne Hand, die mit drei Fingern am Stein

Der Stein ist bis heute verschollen; aber die Wegweiser erinnern an den Namen....

fest gemacht waren; deshalb ‚Eiserne Hand' genannt. Hier, an dieser Stelle, sollen einst bei einer Schlacht die Waffen geklungen haben. Überliefert wurde: Wenn man die Hand an einem bestimmten Datum und zu einer gewissen Uhrzeit gedreht hat, konnte man ganz fürchterlichen Kriegslärm hören.

Bis heute heißt der Ortsteil Eiserne Hand.

Pferdeköpfe als Giebelschmuck in Hoben

Auffallend sind die Pferdeköpfe schon, die auch in Hoben als Giebelschmuck (meist an mit Reet gedeckten Dächern) zu bewundern sind.

Diese Giebelbretter, die etwa 50 cm über den Dachfirst hinausragen, schützen die Stroh- oder Reetdachüberhänge vor dem zerzausen-

Pferdeköpfe auf einem Reetdach

den Wind. Sie sollten einst aber auch das Haus schützen und die Bedrohungen von der Wilden Jagd abwehren, denn der Wode erkennt an den Giebelbrettern, dass im Haus Freunde wohnen die ihn verehren.

Einfach stilisierte Pferdeköpfe (selten andere Tierarten), aber auch fein geschnittene mit gezähnter Mähne, Stirnlocke und weiteren Verzierungen wurden überwiegend dargestellt.

Über die Bedeutung gibt es verschiedene Aussagen, aber sie sind immer eine originelle Giebelzierde.

Der Volksmund deutete die Stellung der Pferdeköpfe auf verschiedene Art: Schauen sich die Pferdeköpfe an, soll der Bauer beim Errichten der Scheune bereits verheiratet gewesen sein. Schauen die Köpfe aber nach außen, war er ledig und sah sich nach einer Frau um.

Anders heißt es: Schauen die Köpfe nach außen, gehört dem Bauer auch das Land; schauen sich die Köpfe an, dann ist er nur Pächter.

Diese Pferdeköpfe werden auch ‚Muulapen' (Maulaffen) genannt.

Festgefahrenes Schiff

In den Hornstorfer Tannen hatte sich einst ein Schiff mit Teckelhunden festgefahren; so wurde es überliefert.

Literatur

Bartsch, Karl: Sagen, Märchen und Gebräuche aus Mecklenburg, Georg Olms Verlag Hildesheim-New York, 1978

Bechstein, Ludwig: Aus dem Sagenschatz der Schleswig-Holsteiner und Mecklenburger; Husum Druck- und Verlagsgesellschaft mbh & Co. KG, Husum, 1985

Biesalski, Kurt: Die schönsten Wismarer Sagen; WEILAND Buchhandlung Wismar, 2006

Biesalski, Kurt: Von Feuerkugeln, Schätzen und Ungeheuern, Hinstorff Verlag GmbH, Rostock, 1997

Biesalski, Kurt: Der Kirschbaum auf der Düne; Rat der Stadt Wismar, Wismar, 1990

Biesalski, Kurt: Die rauhbeinigen Zwerge von Mecklenburg; Hinstorff Verlag GmbH, Rostock, 1999

Bogo-Jawlensky, Victor: Verhext und verwünscht – sagenhaftes Wismar; Stadtgeschichtliches Museum der Hansestadt Wismar, Wismar, 2006

Borchert, Jürgen. Wismar, Stadtspaziergänge und Landfahrten; Stock & Stein Verlags-GmbH Schwerin, Schwerin, 1997

Buchholz, Rita: Bodendenkmal und Sagen; in Archäologische Berichte aus Mecklenburg-Vorpommern,

Burkhardt, Albert: VINETA, Sagen und Märchen vom Ostseestrand; VEB Hinstorff Verlag, Rostock, 4. Aufl., 1990

Burkhardt, Albert: Das Riesenschiff; VEB Postreiter-Verlag, Halle/S., 1989

Burkhardt, Albert: Von den Fischen in der Ostsee; edition federchen, Steffen Verlag, Friedland, 2011

Eckert, Gerhard: Anekdoten aus Mecklenburg-Vorpommern; Husum Druck- und Verlagsgesellschaft mbh u. Co. KG, Husum, 3. Aufl., 2003

Eichler, Ernst und Mühlner, Werner: Die Namen der Städte in Mecklenburg-Vorpommern; Ingo Koch Verlag, Rostock, 2002

Fischer, Johann Karl Christian: Meckelburgische Sagen der Vorzeit; Rostock und Leipzig, bei Karl Christoph Stiller, 1796

Framm, Edith: Ein Mecklenburger Apothekerleben; Edith Framm Wismar, Wismar 3. Aufl. 2012

Franke, Lars: Auf den Spuren alter Klostersagen; Steffen Verlag, Steffen GmbH, Berlin, 2014

Gerling, Reinhard: Mecklenburgs Sagenschatz; Orania Verlag, Oranienburg, o.J.

Grevenrath, Hannes & Block, Petra. Sagenhaftes Wismar; Peter Stein – Buchhandlung Hugendubel, Wismar, 2012

Grewolls, Hannes: Sagenhaftes Wismar; Buchhandlung Weiland Wismar & Stock und Stein Verlag GmbH, Wismar, 2003

Brüder Grimm: Deutsche Sagen; Wissenschaftliche Buchgesellschaft e.V., Darmstadt, 1956; nach der Aufl. von 1891

Holtz, Otto: Wismar, Stadt der Dome; in Aus unserer Heimat, Beilage zur „Brücke", Nr. 7, 1933

Hoppe, Klaus-Dieter: Wismarer Sagen und Sagenbilder, Historisches Museum Schwerin und Stadtgeschichtliches Museum Wismar, 1986

Hubrich-Messow, Gundula: Sagen aus Mecklenburg; Husum Druck- und Verlagsgesellschaft mbh u. Co. KG, Husum, 2. Aufl.,1985

Kindler, Christel und Weldt, Kuno: Wismar – Stadt an der Bucht; Edition Temmen, Bremen, 2. Aufl., 1993

Krambeer, Karl: Mecklenburgische Sagen; Verlag von G. Demmlers Buchhandlung, Ribnitz, 1922

Kröplin, Otto: Hundert Sagen aus Wismar; Pädagogisches Kabinett der Stadt Wismar, Wismar, Heft 1–3, 1957

Löser, Dr. Frank: Die Ostseeküste, Sagen und Geschichten; Demmler Verlag GmbH, Schwerin, 2004

Madaus, Christian: Püstern in Mecklenburg; Stock & Stein Verlags-GmbH, Schwerin, 1994

Mayr, Heinrich: Lebensbilder und Sagen der Vorzeit; Ferdinand Hirt & Sohn, Leipzig, 1911

Nachtigall, Walter und Werner, Dietmar: Der schweigsame Fischer; Verlag die Wirtschaft, Berlin, 1988

Niederhöffer, M. Dr. Albert: Mecklenburgs Volkssagen; Verlag von Ambrosius Abel, Leipzig, Bd. 1 bis 4

Niederhöffer, Albert: Mecklenburgs Volkssagen; Edition Temmen, Bremen, 3. Aufl., 2002

Roggentin, Ruth: Die Wunder-Eiche; Petermänken-Verlag, Schwerin, 1959

Schauber, Vera und Schindler, Hanns Michael: Heilige und Namenspatrone im Jahreslauf; Pattloch Verlag, Weltbild Verlag GmbH, Augsburg, 1993

Schacht, Ulrich: Mein Wismar; Verlag Ullstein GmbH, Frankfurt/M. – Berlin, 1994

Schmidt, Otto: Mecklenburg, ein Heimatbuch; Hinstorffsche Verlagsbuchhandlung, Wismar 1925

Schmied, Hartmut: Die schwarzen Führer Mecklenburg-Vorpommern; Eulen Verlag Harald Gläser, Freiburg i. Br., 2001

Schröder, Otto: Bilder aus mecklenburgischer Sage und Geschichte; Hinstorffsche Verlagsbuchhandlung, Wismar, 1930

Sobotha-Heidelk, Katrin: Alle Märchen spielten hier; Schelfbuch Verlag UG Schwerin, Schwerin, o.J.

Steiner, Gerhard: Ein kurzweilig Lesen von Till Eulenspiegel; Eulenspiegel, Verlag für Satire und Humor, Berlin, 1955

Wagner, Richard: Bilder aus der mecklenburgischen Geschichte und Sagenwelt; 8. Aufl. - Berlin-Halensee, 1926

Willnitz, Karl: Sagen und Märchen der Ostsee; Verlag Deutsche Heimat, Berlin, 1932; Godewind Verlag, Wismar, o.J.

Woeller, Waltraud: Volkssagen zwischen Hiddensee und Wartburg; VEB Deutscher Verlag der Wissenschaften, Berlin, 1979

o.V.: Kleine Bettlektüre für alle, die Wismar, die Perle an der Ostsee, lieben; Fischer Scherz Verlag, Frankfurt/M, 1996

Löser – Sagen und Geschichten im Verlag Rockstuhl

Freiberger Sagenbuch
Mit Sagen des Freiberger Landes
Taschenbuch, 90 Seiten, 41 Abbildungen
ISBN 978-3-938997-74-1

Sagenbuch der Augustusburg
Sagen aus Börnichen, Borstendorf, Breitenau, Eppendorf, Falkenau, Flöha, Hetzdorf, Hohenfichte, Leubsdorf, Lippersdorf, Niedersaida, Reifland, Schellenberg
Taschenbuch, 48 Seiten, 31 Abbildungen
ISBN 978-3-86777-041-5

Sagenbuch – Heilige Elisabeth von Thüringen 1207–1231
Taschenbuch, 50 Seiten, 40 Abbildungen
ISBN 978-3-938997-76-5

Sagenbuch des Silbernen Erzgebirges
Rund um die Bergstadt Sayda und die Silbermannstadt Frauenstein
Taschenbuch, 86 Seiten, 63 Abbildungen
ISBN 978-3-86777-025-5

Sagen und Geschichten aus dem oberen Flöhatal im Erzgebirge
Pfaffroda – Neuhausen – Olbernhau – Seiffen
Taschenbuch, 58 Seiten, 52 Abbildungen
ISBN 978-3-86777-162-7

Sagen und Geschichten der Kulturlandschaft Lewitz
Taschenbuch, 88 Seiten, 90 Abbildungen
ISBN 978-3-86777-101-6

Sagen und Geschichten Hansestadt Rostock
Taschenbuch, 86 Seiten, 44 Abbildungen
ISBN 978-3-95966-044-0

Sagen und Geschichten Ludwigslust Griese Gegend
Taschenbuch, 206 Seiten, 67 Abbildungen
ISBN 978-3-95966-160-7